FUCK

Das ultimative Fluch- und Schimpfmalbuch für Erwachsene

30 neue Motive zum kreativen Abkotzen

riva

Dieses beschissene
Malbuch gehört:

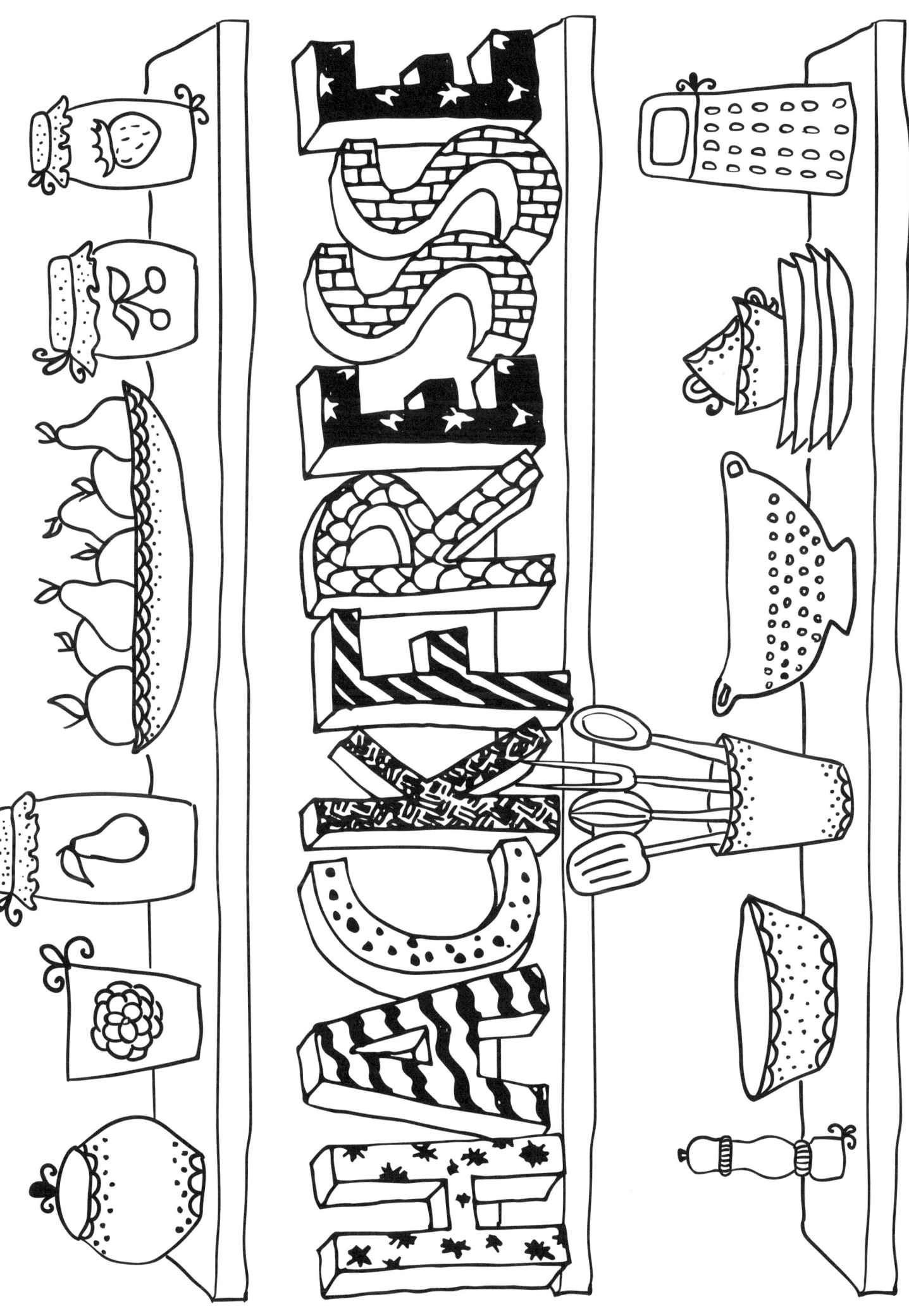

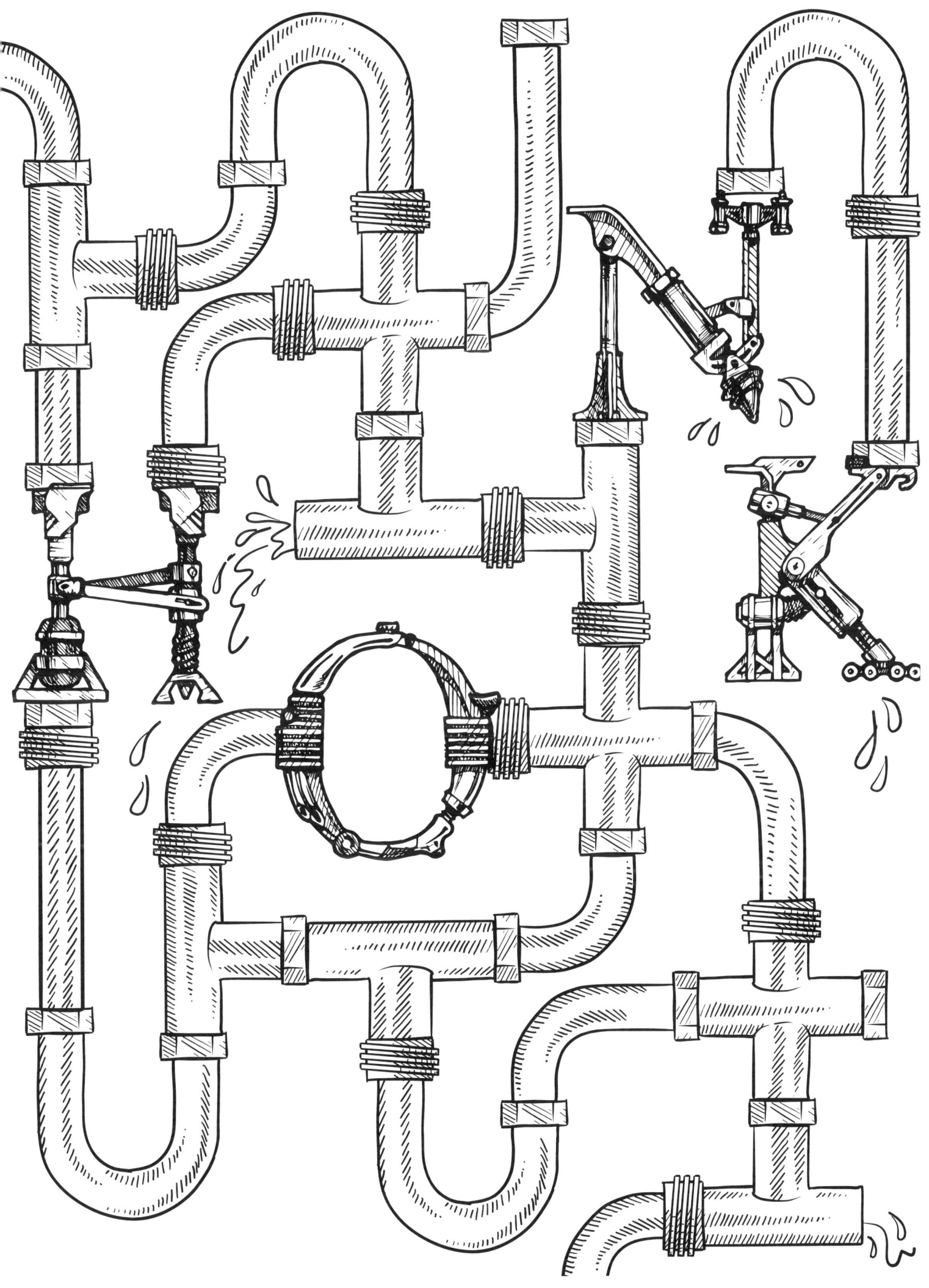

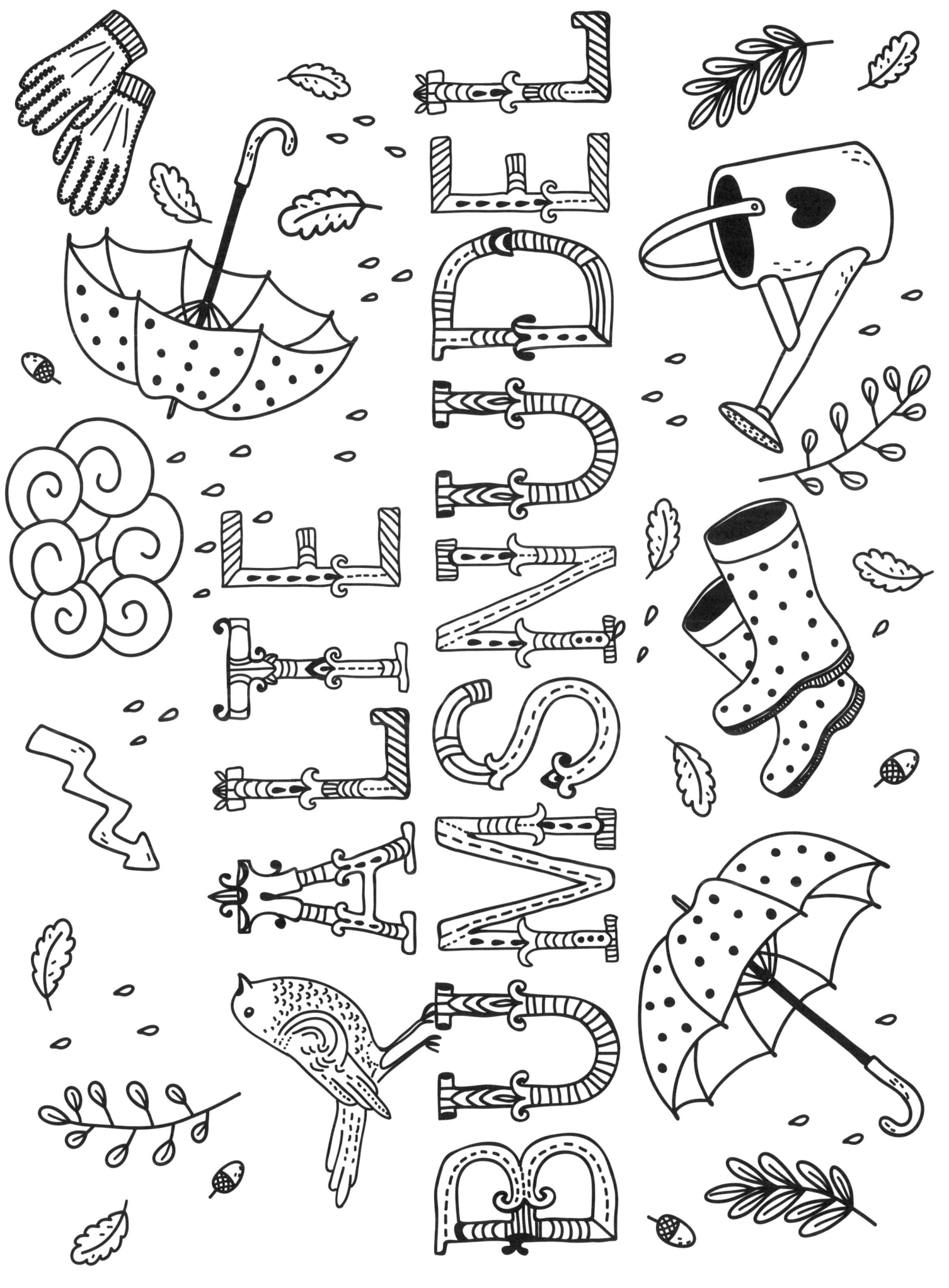

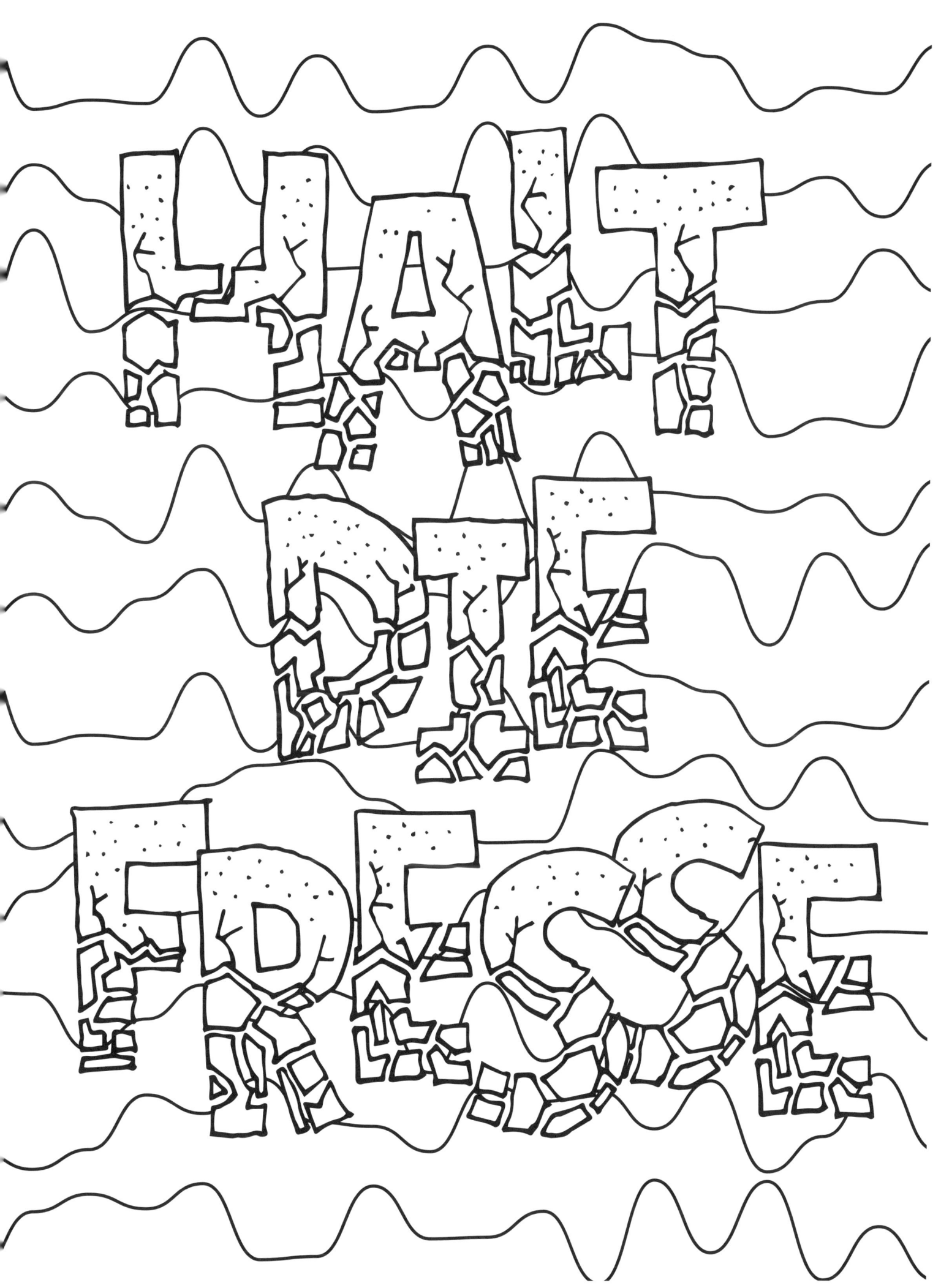

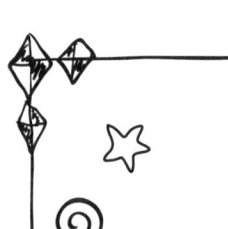

Bibliografische Information der Deutschen Nationalbibliothek

Die Deutsche Nationalbibliothek verzeichnet diese Publikation in der Deutschen Nationalbibliografie. Detaillierte bibliografische Daten sind im Internet über https://dnb.de abrufbar.

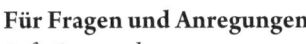

Für Fragen und Anregungen

info@m-vg.de

Originalausgabe
9. Auflage 2025
© 2021 by riva Verlag, ein Imprint der Münchner Verlagsgruppe GmbH
Türkenstraße 89
80799 München
Tel.: 089 651285-0

Umschlaggestaltung, Layout & Satz: Isabella Dorsch
Abbildungen: despositphotos.com/9george, AmySachar, annamiro, burbura, CatChat, darina13, dinkoobraz, Favetelinguis199, Gjose, Helen_F, lhfgraphics, JuliyaS, LanaN., lesyaskripak, mbaldenkova, Mr_Ptica, nataliashein, nglyeyee, olga.angelloz, OlhaM, radio-cat, Red_Spruce, rtyt01.mail.ru, sababa66, somjaicindy@gmail.com, suricoma, Tanvetka, tereez, tinkerfrost, ursus@zdeneksasek.com, Vasilek, vip2807, wusshny, Yasyazagoruiko
shutterstock.com/Anastasiart12, Anastasiya Shubina, artnLera, Borisovna.art, Elena Barenbaum, Kalenik Hanna, monbibi, Vikoshkina
Druck: Florjancic Tisk d.o.o., Slowenien
Printed in the EU
ISBN Print 978-3-7423-1696-7

Weitere Informationen zum Verlag finden Sie unter

www.rivaverlag.de

Beachten Sie auch unsere weiteren Verlage unter www.m-vg.de